AF313426

Vente du Mardi 10 Juin 1890

HOTEL DROUOT, SALLE N° 1, A DEUX HEURES

TABLEAUX

ANCIENS

EXPOSITION PUBLIQUE

LE LUNDI 9 JUIN 1890

De une heure à cinq heures et demie.

<table>
<tr><td>COMMISSAIRE-PRISEUR
Me Paul CHEVALLIER
10, rue de la Grange-Batelière</td><td>EXPERT
M. Eug. FÉRAL, peintre,
rue du Faub.-Montmartre, 54</td></tr>
</table>

IMPRIMERIE D. DUMOULIN ET Cⁱᵉ

Rue des Grands-Augustins, 5, à Paris.

CATALOGUE

DE

TABLEAUX ANCIENS

PAR ET D'APRÈS

BACKHUYSEN, BASSAN, BREDA, CARRACHE, M. CARRE
DE HEEM, DIETRICH, V. DOUWEN, GILLEMANS
GREUZE, HOBBEMA, HOLBEIN, HOOGE, MOUCHERON
NATOIRE, VAN DER NEER, OSTADE, P. POTTER, ETC., ETC.

DEUX IMPORTANTES COMPOSITIONS

PAR MATTIS MULLER

DONT LA VENTE AURA LIEU

HOTEL DROUOT, SALLE N° 1

Le Mardi 10 Juin 1890, à 2 heures

COMMISSAIRE-PRISEUR	EXPERT
Mᵉ Paul CHEVALLIER	M. Eug. FÉRAL, peintre
10, rue de la Grange-Batelière.	faubourg Montmartre, 54.

Chez lesquels se trouve le présent Catalogue.

EXPOSITION PUBLIQUE : le Lundi 9 Juin 1890.

De une heure à cinq heures et demie.

CONDITIONS DE LA VENTE

La vente sera faite au comptant.

Les acquéreurs payeront *cinq pour cent* en sus des enchères, applicables aux frais

DÉSIGNATION

TABLEAUX ANCIENS

ALBANE (attribué à)

1 — *Vénus et Vulcain.*

BACKHUYSEN (L.)

2 — *Marine par un temps d'orage.*

BASSAN (J. da Ponte dit le)

3 — *Portrait d'homme.*

Debout devant une table, vu jusqu'aux genoux, vêtu de noir, la main gauche sur la hanche.

Bonne peinture, d'un coloris brillant et d'une large exécution.

BERGHEM (École de)

4 — *Bergers conduisant leurs troupeaux.*

BRAUWER (genre de)

5 — *Intérieur de Tabagie.*

BRAUWER (d'après)

6 — *Le Concert rustique.*

BREDA (VAN)

7 — *Animaux à l'abreuvoir.*

CARRACHE (An.)

8 — *Céphale et Procris.*

CARRACHE (An.

9 — *Le Christ au roseau.*

CARRÉ (MICHEL

10 — *Bergers et animaux.*

CHAMPAIGNE (attribué à Ph. de)

11 — *Portrait d'homme.*

CHARDIN (attribué à)

12 — *Portrait d'homme.*

DECAMPS (genre de)

13 — *Portrait d'homme.*

Esquisse.

DE HEEM (Corneille)

14 — *Guirlande de fruits entourant un verre plein de vin du Rhin.*

DIETRICH

15 — *Le Rabbin.*

Il est assis dans un fauteuil, la tête couverte d'une calotte, les mains croisées.

DOUWEN (van)

16 — *Chasseurs se disposant à partir pour la chasse.*

DROLLING

17 — *Légumes, paniers, etc.*

DYCK (genre de A. VAN)

18 — *Tête d'homme.*
Toile ovale.

EECKHOUT (VAN DEN)

19 — *Petit portrait de femme ayant des fleurs sur sa tête.*
Bois ovale.

GILLEMANS

20 — *Guirlande de fruits entourant deux figures allégoriques.*

GIORDANO (LUCAS)

21 — *Personnage assis.*

GREUZE (d'après J. B.)

22 — *La Fille confuse.*

GREUZE (d'après J. B.)

23 — *Enfant tenant une colombe.*

GREUZE (genre de J. B.)

24 — *Portrait de jeune fillette.*
Toile ovale.

GUASPRE (genre de)

25 — *Pan et Syrinx.*

HELMONT (van)

26 — *Un Savant dans son cabinet.*

HOBBÉMA (d'après M.)

27 — *Entrée de forêt.*
Au centre, un chemin et des chaumières éclairées par un vif rayon de soleil.

HOLBEIN (École de)

28 — *Portrait d'un personnage.*
Tenant un livre et portant autour du cou l'ordre de la Toison d'or.

HOLBEIN (École de)

29 — *Portrait d'homme tenant une bague.*

HONTHORST

30 — *Les Saisons.*

HOOGE (attribué à PIERRE de)

31 — *Le Notaire dans son étude.*

HORREMANS

32 — *L'atelier de dessin.*

KLOMP

33 — *Animaux au repos, dans un paysage.*

LALLEMANT

34 — *Paysage avec cours d'eau et personnages.*

LANCRET (d'après N.)

35 — *L'oiseleur.*

LARGILLIÈRE (genre de|)

36 — *Portrait de femme.*

Les cheveux serrés par un ruban bleu.

LEFÈVRE (Claude)

37 — *Portrait d'homme tenant une lettre.*

Toile ovale.

LE MOINE (attribué à F.)

38 — *Le Bain.*

LÉPICIÉ (attribué à)

39 — *Le Tonnelier.*

LESUEUR (genre de)

40 — *Le Christ guérissant un malade.*

METZU (d'après G.)

41 — *La Missive.*

MICHAU

42 — *Paysage avec ruines et personnages.*

MIEL (JEAN)

43 — *Bergers et animaux.*

MOUCHERON (ISAAC)

44 — *Paysage accidenté.*

Au centre, un paysan assis au bord d'un chemin.

MULLER (MATTIS)

45 — *La Marchande de poissons.*

Sur la rive d'un fleuve, à l'entrée d'une ville qui se
dessine à droite, est l'étal d'une marchande de poissons; la
marchande, vêtue d'un casaquin rouge, se tient derrière une
table où sont déposés des cabillauds, du saumon, etc.; sur
une autre table, plus en avant, une corbeille contenant
des poires.

Coiffée d'une toque noire et couverte d'un manteau de
même couleur qui descend sur une robe de soie verte et
brochée, une jeune dame, ayant un manchon rouge doublé
d'hermine, se présente à gauche, accompagnée de son enfant et suivie d'un cavalier et de trois serviteurs portant ses
provisions.

A droite, au fond, près de la marchande, se tient un
homme portant un filet. Sur le quai circulent plusieurs
figures, et sur les eaux flottent quelques embarcations.

Signé sur le rebord de l'étal, à droite : Mat. Muller.
Collection Salamanca.

Toile. Haut., 2 m. 29 cent.; larg., 3 m. 42 cent.

MULLER (Mattis

(PENDANT DU PRÉCÉDENT

46 —. *La Marchande de fruits.*

Au-devant d'une grande habitation se trouve l'étalage
d'une marchande de fruits. Sur une table de bois, en allant
de gauche à droite, les yeux rencontrent dans des vases
distincts pour chaque espèce, des abricots, des pêches et
des fraises; quelques amandes sur la table, puis une corbeille de cerises, un plat de coings, un plat de prunes; puis,
dans des paniers, des prunes, des mûres, des amandes; et,
au fond, un grand panier plein de raisins.

A terre, des légumes et des fruits; au centre, un petit
singe s'emparant d'une poire.

La marchande tient sur ses genoux un plat de figues
dont elle présente un échantillon à un jeune braconnier
portant un lièvre.

Dans une niche est un vase de fleurs.

Au mur, une balance est accrochée près d'une botte
d'oignons.

Collection Salamanca.

Toile. Haut., 2 m. 29 cent.; larg., 3 m. 42 cent.

NATOIRE (Charles)

47 — *Une Muse entourée d'Amours.*

NEER (Art. van der)

48 — *Bord de rivière.*

Soleil couchant.

NEER (genre de ART. VAN DER)

49 — *Paysage coupé par une rivière.*

OCHTERVELT (attribué à)

50 — *La Dentelière.*

OSTADE (d'après AD.)

51 — *Buveurs et fumeurs.*

PALAMÈDES (attribué à)
(DEUX PENDANTS)

52 — *Les Joueurs de cartes.*
Scène de cabaret.

PANNINI

53 — *Ruines et personnages.*
Esquisse.

PARROCEL

54 — *Le Siège d'une forteresse.*

POTTER (d'après PAUL)

55 — *Bergers et animaux en marche.*

PORBUS (École de)

56 — *Portrait de femme richement vêtue.*

POUSSIN (genre de N.)

57 — *Sujet religieux.*

POUSSIN (École de N.)

58 — *Sujet biblique.*

ROGMAN (ROLAND)

59 — *Paysage avec grands arbres au bord d'un cours d'eau.*

RUBENS (École de)

60 — *Femme et Amour.*

SOOLMAKER

61 — *Animaux en marche.*

SOOLMAKER

62 — *Animaux au repos.*

SUBLEYRAS (attribué à)

63 — *Sujet religieux.*

SWAGERS

64 — *Marine. Vue de Hollande.*
Soleil couchant.

TAMM (François-Werner)

65 — *Fleurs dans un vase posé sur une console de marbre*

TEN KATE

66 — *Les Buveurs.*

TINTORET (attribué au)

67 — *Saint Laurent.*

VELASQUEZ (École de)

68 — *Soldats au bord d'une rivière.*

VERNET (genre de J.)

69 — *Le Naufrage.*

VÉRONÈSE (attribué à PAUL)

70 — *Le Repos de la Vierge.*

Elle donne le sein à l'Enfant Jésus, un ange lui présente une corbeille de fruits.

WATTEAU (attribué à F.)

71 — *Pastorale.*

WOUVERMANS (attribué à)

72 — *Bataille entre cavaliers.*

WYNANTS (d'après)

73 — *Paysage.*

A gauche, terrains éboulés; sur le devant, un chasseur suivi de ses chiens.

ÉCOLE ESPAGNOLE

74 — *Portrait de jeune seigneur portant une cuirasse.*

ÉCOLE ESPAGNOLE

75 — *Paysage boisé, avec cours d'eau et personnages au premier plan.*

ÉCOLE FLAMANDE (xve siècle)

76 — *La Vierge, l'enfant Jésus et deux anges.*

ÉCOLE FLAMANDE (xve siècle)

77 — *La Vierge, l'enfant Jésus et trois saints personnages.*

ÉCOLE FLAMANDE

78 — *Paysage.*

Le Christ, dans le désert.

ÉCOLE FLAMANDE

79 — *Minerve.*

ÉCOLE FRANÇAISE

80 — *Portrait de femme couverte d'une mantille de soie bleue, doublée de fourrure.*

ÉCOLE FRANÇAISE

81 — *Portrait de femme.*

ÉCOLE FRANÇAISE

82 — *Portrait de Necker.*

ÉCOLE FRANÇAISE

83 — *Portrait d'homme.*

Petite peinture sur cuivre, de forme ovale.

ÉCOLE FRANÇAISE

84 — *Portrait de jeune homme.*

ÉCOLE FRANÇAISE

85 — *Voyageur au repos.*

ÉCOLE FRANÇAISE

86 — *Paysage avec rochers et cascades.*

ÉCOLE FRANÇAISE
(DEUX PENDANTS)

87 — *Sujets mythologiques.*

ÉCOLE HOLLANDAISE

88 — *Portrait d'homme.*

ÉCOLE ITALIENNE

89 — *Danaë recevant la pluie d'or.*

ÉCOLE ITALIENNE

90 — *Paysans prenant leur repas.*

ÉCOLE ITALIENNE

(DEUX PENDANTS)

91 — *Paysage avec pont et constructions.*

ÉCOLE ITALIENNE

92 — *La Vierge, l'Enfant Jésus et un saint personnage.*

ÉCOLE ITALIENNE

93 — *Le Christ à la colonne.*

ÉCOLE ITALIENNE

94 — *La Flagellation.*

ÉCOLE ITALIENNE

95 — *Sujet religieux.*

ÉCOLE DE PARME

96 — *Le repos de la sainte Famille.*

ÉCOLE ROMAINE

97 — *La Vierge et l'Enfant Jésus.*

ÉCOLE ROMAINE

98 — *La Vierge vue en buste.*

9 782329 509693